TESTAMENT POLITIQUE

DE

M. PRUDHOMME

Paris. — Imp. Dubuisson et Cᵉ, rue Coq-Héron, 5

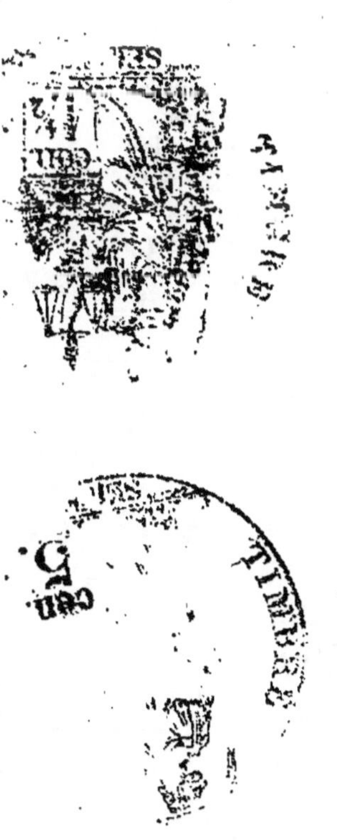

TESTAMENT POLITIQUE

DE

M. PRUDHOMME

PUBLIÉ

PAR SON FILS

> ... Murés sans perspectives
> Dans les opinions les plus improductives,
> Satisfaits de rester de simples gens de bien
> Et, quand vous êtes tout, heureux de n'être rien.
>
> V. DE LAPRADE.
> (*La Chasse aux vaincus.*)

PARIS

E. DENTU, ÉDITEUR

—

1865

AU LECTEUR

—

Ces pages que mon père, en mourant, me légua comme l'expression définitive de ses aspirations politiques, je ne devais les lire que dans deux années. Je n'ai pas eu le courage de respecter sur ce point la volonté paternelle. Devinant quels graves enseignements contenait ce pli précieux, je ne me crus pas le droit d'en priver si longtemps mon pays, et je devançai le terme fixé à ma filiale impatience.

Qui oserait m'en blâmer?

J. PRUDHOMME Fils,
Avocat, Membre du comité électoral de Nanterre.

TESTAMENT POLITIQUE

DE

M. PRUDHOMME

———

A MON FILS, POUR ÊTRE LU LE 19 JUIN 1867, JOUR OU IL
ATTEINDRA SA VINGT-CINQUIÈME ANNÉE.

Ce 15 décembre 1864.

Mon Fils,

Quand vous lirez ces lignes, tracées de ma main dé-
faillante, je serai mort depuis trois années. Vous n'aurez donc plus, pour diriger vos pas à travers les sentiers
épineux de la vie, ce guide que la Providence vous

destinait, mais que le sort cruel vous a prématurément ravi. Puisse cette exhortation posthume suppléer aux conseils que je ne pourrai plus vous donner. Lisez-la, relisez-la sans cesse, inspirez-vous de son esprit, et, — je vous le promets — vous marcherez d'un pas rapide à la fortune, à la gloire.

*
* *

Mon Fils,

Votre nom, les souvenirs et les traditions que je vous lègue, après les avoir recueillis moi-même, les instincts généreux dont la nature, *alma parens*, vous avait richement doué, et qu'à mon tour j'ai cultivés avec soin, tout vous destine à la vie publique.

La vie publique! mer orageuse, semée d'écueils et de récifs! Bien fou celui qui s'y aventure étourdiment. Hélas! je ne serai plus là pour diriger le frêle esquif auquel vous allez livrer vos destins. Mais je vous laisse, dans ces lignes, une infaillible boussole, et, guidé par elles, vous entrerez sans avaries au port étroit des destinées heureuses.

*
* *

Je ne sais, mon fils, sous quel gouvernement gémira la France quand vous décacheterez ce pli suprême. Quel qu'il soit, à peine, ai-je besoin de vous le dire, car vos généreux instincts, j'en suis sûr, ont devancé mes conseils :

SOYEZ DE L'OPPOSITION !

Soyez de l'opposition : tout est là, mon fils, et je pourrais borner à ces trois mots mes conseils, si je ne préférais leur donner quelques développements. Soyez de l'opposition. Votre nom et les traditions de votre famille suffiraient à vous en faire un devoir sacré. Vous le savez, en effet, dès l'antiquité la plus lointaine (antiquité que je constate sans en tirer le moindre orgueil) les Prudhomme, vos aïeux et les miens, se sont répandus dans les différentes parties de l'univers habité. Les Prudhomme d'Italie, comme ceux d'Espagne, ceux d'Angleterre, comme ceux d'Allemagne, tous, en un mot, se sont fait remarquer par leur aveugle soumission aux gouvernements successifs des divers pays où ils avaient fixé leurs pénates. Seuls, animés d'un sang plus mâle, les Prudhomme de France ont échappé à cette humiliante tradition, et de tout temps, sous tous les régimes, se sont fait un patriotique honneur de figurer dans les rangs de l'opposition. O mon fils! ô mon sang! tu ne failliras pas au noble rôle que le passé t'impose. Tu nous continueras.

Et, croyez-moi, Joseph, ce n'est pas seulement la religion du passé, ce n'est pas seulement le culte des aïeux qui vous commandent cette fière attitude. Le légitime souci de vos intérêts vous l'impose plus impérieusement encore. Dans ce siècle corrompu, l'ambition et la cupidité ont déchaîné toutes les convoitises. Toutes les places sont occupées. L'intrigue obstrue toutes les voies. L'homme de cœur et de mérite a bien de la peine à frayer son chemin. La plus modeste entreprise exige de vigoureux efforts. — L'opposition, croyez-en ma vieille expérience, est encore la plus douce et la plus sûre des carrières.

La France, cette grande nation qui a produit Montesquieu, Descartes et Bossuet, comme le faisait récemment observer M. Thiers, la France est à la fois sceptique et généreuse. Sceptique, elle aime ceux qui l'amusent. Or, vous le comprenez sans effort, il est plus aisé de la faire rire en critiquant le pouvoir qu'en chantant ses louanges. Généreuse, elle professe du goût pour les faibles et les opprimés. Elle prend leur parti contre le despotisme. Elle est tout entière avec eux.

Grâce à cette double et louable tendance de l'esprit public, la force appartient réellement aux faibles, la vraie puissance est aux mains des victimes de la tyrannie, et la victoire est, comme le grand Caton, du côté des vaincus!

Les pensées que j'exprime ici sans art et sans apprêt, j'entendis un jour M. de Lamartine les énoncer en termes éloquents qui se sont gravés dans ma mémoire, et que je tiens à vous retracer :

« *Messieurs*, s'écriait le chantre d'Elvire, *tout chez nous est organisé pour l'opposition, rien pour le pouvoir. Le pouvoir, c'est l'ennemi commun. On ne trouve de grâce et de courage qu'à se poser en héros contre son impuissance, et à braver ce qui n'est même pas l'ombre de la force. Personne ne songe à s'opposer contre la tyrannie réelle, qui est l'opposition et la presse. On se trompe aux noms. On insulte ce qui est faible, on flatte ce qui est la seule puissance. C'est toujours la même lâcheté ; je me trompe, c'est l'hypocrisie du courage...*

» Messieurs, nommons les choses par leur nom. C'est ici la guerre de la tyrannie actuelle, de la tyrannie moderne, du journalisme contre la liberté, contre la constitution, contre le pouvoir, contre le pays. Oui, voilà la force, voilà le seul pouvoir excessif, voilà la seule oppression réelle et si vous êtes homme à la braver, retournez-vous de ce côté, car c'est là qu'est le danger (1). »

Oui, là est le danger! danger auquel on ne saurait s'exposer impunément, danger que les fous seuls bra-

____

(1) Séance du 8 mai 1839.

veront. Oui, dans ce pays où le pouvoir s'est fait détester par tant de méfaits, il faut avoir l'esprit bien paradoxal pour songer à le soutenir, et les reins bien forts pour oser l'essayer... Mais, j'en rends grâces au ciel, quand même je n'eusse point été là pour diriger vos premières pensées, quand le sang des Prudhomme n'eût pas coulé dans vos veines, la nature vous a doué d'un trop sage esprit, d'un tempérament trop calme et trop timide, pour qu'une aussi folle entreprise vous pût jamais séduire.

Après le cygne de Saône-et-Loire, je puis encore vous citer l'aigle de Lisieux :

« *J'ai peu de goût naturel pour l'opposition*, dit M. Guizot dans ses Mémoires; *et plus j'ai avancé dans la vie, plus j'ai trouvé que c'était à la fois un rôle trop facile et trop périlleux. Il n'y faut pas un grand mérite pour réussir, et il y faut beaucoup de vertu pour résister aux entraînements du dehors et à sa propre fantaisie.* » Trop facile ! Cela est bon à dire. Tout le monde n'est pas M. Guizot; tout le monde ne possède pas son extrême facilité d'élocution ! Et d'ailleurs, quelque aversion que lui inspirât l'opposition, l'illustre homme d'Etat, surmontant ses répugnances, sut s'en servir pour monter au pouvoir; mais par un sentiment naturel au cœur humain (ma longue carrière m'a permis de le constater fort souvent), il cessa d'en sentir l'utilité le jour où elle fut détournée contre lui... Mais j'achève : « *Une autre vérité commençait dès lors à m'apparaître. Dans nos sociétés mo-*

*dernes, quand la liberté s'y déploie, la lutte est trop iné-
gale entre ceux qui gouvernent et ceux qui critiquent le
gouvernement; aux uns, tout le fardeau et une responsabilité sans limite; on ne leur passe rien; aux autres, une
entière liberté sans responsabilité; de leur part on accepte
et l'on tolère tout.* »

Paroles profondes, et dont mon expérience me per-
met de vous garantir l'exactitude !

*
* *

Entrez donc dans l'opposition. Mais sachez vous y
conduire. L'esprit de conduite, mon fils, est le gouver-
nail de l'homme public. Sur ce point encore, je vous
donnerai quelques avis pratiques dont je vous garantis
l'efficacité, car je puis dire avec le poëte :

Nourri dans le sérail, j'en connais les détours.

Tout ce que je vais vous conseiller, je l'ai expéri-
menté par moi-même.

Tout d'abord, continuez à fréquenter les réunions
studieuses où vous avez l'honneur d'être admis.

Rendez-vous chaque lundi à la conférence Molé. Excellente école d'opposition. Là, se sont formés les C...,
les F..., les P..., et tant d'autres braves jeunes gens.
Hélas ! beauconp de ceux que vous y verrez à vos côtés,
animés d'une généreuse ardeur, vous les retrouverez
peu de temps après auditeurs, substituts, sous-préfets.
Mais tel est dans ce pays, labouré par les révolutions,
le cours ordinaire des choses; ne vous en indignez point.
Il est bon d'avoir des amis partout; les relations, Joseph, c'est le levier que cherchait Archimède.

Entrez résolûment, si déjà ce n'est fait, dans la presse
militante : on ne saurait débuter trop tôt. Les journaux
d'opposition sont mieux achalandés que les feuilles
officieuses, sont plus nombreux. Leur accès est donc
plus facile; ils peuvent plus largement rémunérer leurs
collaborateurs : considération fort secondaire, mais
que j'indique pour mémoire.

Vous vous y trouverez en fort bonne compagnie.
Vous aurez pour collaborateurs des hommes importants, anciens députés, anciens pairs de France, anciens ministres. En donnant à des feuilles indépendantes le concours de ses lumières et de ses convictions, personne ne déroge, tout le monde s'honore. Les
rédacteurs des feuilles serviles encourent au contraire
une juste déconsidération. Le gouvernement les emploie sans les estimer; et quand il n'en peut plus attendre de services, il les abandonne. Le plus obscur
fonctionnaire soupçonné de collaborer, même sous le

voile de l'anonyme, à un journal dévoué, s'exposerait à la légitime sévérité de ses chefs. Aussi, nul, à moins d'y être contraint par la plus dure nécessité, ne se livre-t-il à cette déshonorante besogne.

Soyez le correspondant de quelque gazette étrangère. C'est encore chose facile aux plumes indépendantes. Les journaux anglais, belges ou prussiens ne tiennent pas, c'est fort juste, à ce que nos affaires leur soient présentées sous un jour trop flatteur : ce n'est donc pas aux courtisans du pouvoir qu'ils iront demander les nouvelles. Ils sont accommodants d'ailleurs, n'exigent point de leurs correspondants une entière sûreté d'information, et pourvu qu'ils soient piquants, se montrent satisfaits.

*
* *

Ayez courage, ayez confiance en vous-même. Sachez-le bien, l'écrivain vénal qui accepte l'ingrate mission de louer les maîtres du jour intéresse difficilement son lecteur : la louange est fastidieuse ! Mais pour celui qui ose se mettre seul en face du pouvoir et l'attaquer, le succès est assuré. Emu de votre courage, le lecteur généreux devient votre complice, il vous comprend à demi-mot; vos moindres malices l'enchantent; il s'empresse de les colporter. Tout vous est permis; êtes-vous parfois un peu vif? il en fait honneur à l'impétuosité de vos convictions; hasardez-vous contre les amis du pouvoir une accusation douteuse? il loue votre courageuse audace. Vos adversaires, cependant, sont tenus de conserver pour vous les plus grands égards. Si, par hasard, oubliant le respect qu'on doit à la faiblesse, ils osaient effleurer votre épiderme, indignez-vous, protestez contre un tel scandale; dites bien haut que le gouvernement ravit aux autres la liberté de la parole et « conserve pour lui la licence ! » S'ils osent persister, dites qu'on vous dénonce, qu'on appelle sur vous les rigueurs administratives. Tous vos confrères protesteront avec vous contre cette *chasse aux vaincus*, et l'opinion publique vous soutiendra... Mais vos adversaires savent trop bien quelle réprobation susciterait un pareil oubli des convenances; ils ne s'y exposeront pas.

Etes-vous tombé dans quelque piége? à un argument imprévu de vos ennemis ne trouvez-vous aucune réponse? une vous reste, terrible, écrasante, et que vos adversaires ne sauraient invoquer : Vous n'êtes pas libre !...

« Si nous étions libres, vous écriez-vous, nous pourrions terrasser nos contradicteurs; mais nous ne le sommes pas, nous ne pouvons nous engager sur le

terrain dangereux où l'on voudrait nous attirer :
nous nous taisons ! »

*
* *

Etudiez, dans les grandes campagnes oratoires du
régime parlementaire, les règles délicates de la stra-
tégie. Apprenez à varier vos arguments à changer, vivement de front selon la position que prend l'ennemi.

Le gouvernement aime-t-il trop la paix ? Protestez
au nom de l'honneur national humilié, demandez que
nos étendards aillent porter dans les mers les plus re-
culées l'honneur du nom français et les principes sa-
crés dont ils sont le palladium. Si le pouvoir, au contraire, est soucieux de son honneur, s'il sait en soutenir l'éclat par les armes, demandez la paix et protestez
contre la guerre, au nom des finances épuisées.

Si, mu par quelque intérêt caché, le pouvoir accom-
plit une réforme, un progrès auxquels les libéraux ne
songeaient pas, sachez contenir votre premier mouve-
ment qui vous porterait peut-être à l'en remercier ;
contenez-vous, taisez-vous, et, peu à peu, le devan-
çant, armez-vous contre lui de ce progrès même et re-
prochez-lui de n'avoir point fait assez. Telle est la tac-

tique habile que nous ont enseignée nos aînés, celle que nous avons suivie nous-même pour le décret du 24 novembre, pour les libertés économiques, pour la décentralisation, pour l'affranchissement de l'Italie, etc.; elle nous a toujours réussi.

Je le sais, Joseph, dans les choses ordinaires de la vie, j'hésiterais à vous conseiller une pareille conduite. Mais je n'ai point à vous faire observer combien la morale politique diffère de la morale privée. « La politique n'est pas une œuvre de saints. » C'est un homme austère, c'est M. Guizot qui l'a dit. La bonne foi est une vertu essentielle aux particuliers, mais les hommes d'Etat doivent savoir s'en priver. M. Emile de Girardin l'expliquait, un jour, d'une façon piquante :

« En politique, disait-il, l'indépendance, la modération et l'impartialité, c'est la condamnation à l'isolement. En politique, on ne s'affilie que par le dévouement, l'exaltation et l'esprit d'exclusion. En politique, tous les hommes suspects de bonne foi sont tenus en quarantaine perpétuelle par les coteries; tant elles ont peur de la contagion qui les atteindrait (1). »

Je crois voir dans ces sages paroles une nuance d'ironie, d'étonnement. J'en suis peu surpris. M. de

______

1) *Questions de mon temps*, tome Ier, p. 57.

Girardin est trop fier, trop entier pour se soumettre aux nécessités stratégiques de la grande opposition. C'est un homme de pratique et d'action. Ce n'est pas un tempérament politique.

*
* *

Soyez philosophe. Elevez-vous dans la pure région des principes et n'en sortez pas. Si vous descendez sur le terrain de la réalité, si vous discutez les faits, vous présentez le flanc à vos adversaires. Les principes, eux, ne trompent, ne compromettent jamais. Que les immortels, oui, les *immortels* principes de 89 soient surtout présents à votre esprit et dirigent incessamment votre pensée. C'est le point de départ et la conclusion de tout sérieux débat. J'ai vu, du reste, en lisant votre article de début (*Les Principes de 89 et les nouveaux noms des rues de Paris*), que vous en saviez déjà faire un judicieux usage. Vous n'en pourriez abuser. Parmi les grands principes qui doivent tous vous être chers, il en est un que je vous recommande particulièrement: le principe du *droit commun*. Réclamez-le partout, toujours. Notre imparfaite législation ne présente pas encore à l'œil une complète symétrie. Il y a là quelques dernières aspérités qu'il faut tendre à niveler.

Défiez-vous de l'économie politique, cette marotte des faux libéraux. Science creuse et sans utilité politique ! Par elle, le despotisme espère nous endormir. Il prétend faire croire qu'en nous donnant ce qu'il appelle les libertés économiques, et ce que je nomme, moi, *les libertés matérielles*, il prépare, il assure le définitif avénement des grandes libertés. N'en croyez rien, Joseph ; l'économie politique est un immense éteignoir.

*
* *

Soyez austère. La vertu, la probité, le talent, seront toujours de votre côté. Le vice, la corruption, la sottise, sous tous les régimes, appartiendront fatalement aux hommes du pouvoir. Ne l'oubliez pas, et que le sentiment de votre supériorité éclate dans la dignité de votre attitude. Le peuple français, malgré ses apparences frivoles, aime la dignité.

Jusque dans votre mise, affichez l'intégrité de vos convictions. Vos jeunes amis ont, pour la plupart, adopté l'habit boutonné et le chapeau de 1848, à bords larges et cambrés. Cette tenue ne leur messied pas. Elle prévient tout d'abord en leur faveur. Imitez-les. Sachez parler de vous-même. Habituez-vous à dire : Mon pays, mes idées, mes amis, mon rôle, ma situation, mon père, moi. — Affirmez-vous !

Enfin, — ce sera mon dernier conseil, — restez fidèle au culte immatériel de la libre pensée. En cela, vous obéirez encore aux traditions de votre race. Jamais les Prudhomme n'ont courbé le front devant l'autel de la superstition. Voltaire fut mon dieu ; il est aujourd'hui dépassé. Vous trouverez autour de vous, dans votre génération, dans celle qui vous a précédé, des écrivains qui joignent à un égal dédain des momeries sacerdotales, un sentiment plus vif des besoins du cœur et des nécessités sociales. Cultivez-les. Nous autres pionniers de la civilisation et du progrès, nous n'avons pas d'ennemis plus ardents, plus dangereux que les cléricaux. Poursuivez-les. Démasquez-les. Ne pactisez jamais avec eux... à moins d'une évidente nécessité politique.

*
* *

Suivez ces conseils, mon fils, et la vie vous sera facile. Vous serez recherché, fêté ; vous recueillerez l'estime universelle — et la gloire, peut-être ! Mais si, par quelque fatal entraînement que je me refuse à prévoir, vous aviez le malheur d'abandonner la voie qu'ici je vous trace ; si, cédant aux obsessions intéressées d'une famille ambitieuse, aux prières corruptrices d'une épouse avide d'honneurs, vous songiez jamais à passer du camp des assaillants dans la garnison de la place, eh bien ! mon fils, vous auriez encore à vous féliciter de m'avoir obéi. Je vous aurais enseigné le chemin le plus rapide. L'oppostion est la meilleure école et la route la plus sûre du pouvoir... Mais ne sortez pas de l'opposition : vous y serez cent fois plus tranquille et plus heureux.

Pour vous le prouver, je n'aurai qu'à vous citer mon exemple, à dérouler devant vos yeux le tableau de ma vie.

*
* *

Je naquis à Paris, le 1er janvier 1800. Je ne vous dirai qu'un mot de mon père : C'était un homme antique. Il aimait passionnément les lettres anciennes ; il était imbu des héroïques souvenirs de l'histoire grecque et romaine. Membre de la grande Constituante et de la Convention, il avait contribué pour une large part à jeter sur les monuments législatifs de ces deux assemblées le parfum d'antique philosophie qui s'en exhale. Il avait collaboré à la rédaction du grand décret du 18 floréal, an II, portant reconnaissance de l'Etre Suprême, et l'article 7 fut tracé de sa main (1).

Mon enfance, étouffée sans doute par l'atmosphère épaisse du despotisme impérial, ne présenta rien de saillant. Mes études s'accomplirent sans éclat. Vers la fin de 1819, elles étaient terminées, et je me présentais à l'examen du baccalauréat. Trois fois je renouvelai l'épreuve, trois fois je succombai. La cause de ce triple échec me fut révélée plus tard : la congrégation, cette lèpre envahissante, avait alors gagné l'université elle-même ; les examinateurs, ayant reconnu en moi le

(1) Voici cet article : « La République française célébrera aux jours de décadi les fêtes dont l'énumération suit :

« A l'Etre Suprême et à la nature, — au genre humain, — au peuple français, — aux bienfaiteurs de l'humanité, — aux martyrs de la liberté, — à la liberté et à l'égalité, — à la république, — à la liberté du monde, — à l'amour de la patrie, — à la haine des tyrans et des traîtres, — à la vérité, — à la justice, — à la pudeur, — à la gloire et à l'immortalité, — à l'amitié, — à la frugalité, — au courage, — à la bonne foi, — à l'héroïsme, — au désintéressement, — au stoïcisme, — à l'amour, — à l'amour conjugal, — à l'amour paternel, — à la tendresse maternelle, — à la piété filiale, — à l'enfance, — à la jeunesse, — à l'âge viril, — à la vieillesse, — au malheur, — à l'agriculture, — à l'industrie, — à nos aïeux, — à la postérité, — au bonheur, etc. »

germe de la libre-pensée, voulaient me fermer l'accès des carrières libérales !

Mon père, en sa qualité d'homme antique, était sévère. Il attribua ma défaite à ma seule insuffisance et fut désespéré. Il ne savait plus vers quelle voie diriger mes pas. Sans diplôme de bachelier, je ne pouvais aspirer au barreau, but suprême de son ambition. Il voulut me faire médecin. L'aridité des premières études me rebuta. Ma nature indépendante ne se pouvait plier à l'exactitude de la science. Il me fit entrer alors dans les bureaux de Jacques Laffitte, avec qui ses opinions libérales le mettaient en relations fréquentes, et chez lequel ses fonds étaient placés.

L'arithmétique ne me fut pas moins hostile que l'anatomie. La brutale précision du chiffre irritait mes libres instincts. Je ne pus m'y habituer. Mon père fit alors un sacrifice héroïque. Il foula aux pieds ses antipathies politiques et consentit à faire de moi un des agents de ce pouvoir qu'il méprisait tant. Mon père, quoique fier de sa roture, avait de belles relations. Par le crédit du comte de Port-Boulay, Premier Tranchant du roi (dont vous pouvez voir le nom à la salle des Croisades), il m'eut bientôt fait admettre au ministère de l'intérieur. Ma belle écriture m'y concilia promptement l'estime de mes chefs. Je ne trouvais là cependant qu'une situation modeste et sans issue, inférieure à mes goûts, à mes aspirations, et, je puis le dire, à mon mérite. Si j'eusse laissé le char de ma destinée rouler dan cette ornière, il s'y fût bien vite embourbé. Mes facultés s'y fussent oblitérées : je serais mort sous-chef de bureau ! Je n'avais pas encore trouvé ma voie. Les événements, plus forts que la volonté des hommes, ne devaient pas tarder à me la révéler.

Aux premiers jours de l'année 1829, M. le baron des Courties, chef de la division à laquelle j'étais attaché, homme doué d'une rare pénétration, quitta le ministère pour entrer dans l'arène politique. Il voyait le parti-prêtre entraîner à l'abîme ce gouvernement qu'il avait servi jusqu'alors avec un zèle auquel on ne pouvait reprocher qu'une excessive ardeur. Voulant conjurer à tout prix le péril qui menaçait son roi, il n'hésita pas à le combattre, et, pour le servir plus efficacement, s'enrôla parmi ses agresseurs. Il se mit à la tête d'un journal quotidien, le *Libéral*, qu'il conduisit avec une impartialité rare, caressant l'opposition pour la désarmer, tactique heureuse dont l'aveugle pouvoir ne comprit pas l'habileté.

M. des Courties avait emmené, pour l'attacher au *Libéral*, un employé de sa division, Hector Gontier, dont il appréciait le mérite. Hector était mon ami. Il me promit de songer à moi si quelque place se trouvait libre à ses côtés dans la rédaction du journal. C'était un homme de cœur qu'Hector Gontier, mais fier, bizarre, fantasque, paradoxal. Sur aucun point, nous n'étions d'accord ; il avait l'esprit faux. Il acquit pourtant fort vite au *Libéral* une sérieuse influence, et, grâce à lui, je pus bientôt compter à mon tour parmi les rédacteurs du baron des Courties. Le 28 juin 1829, je quittais mes ingrates fonctions ministérielles pour me jeter dans l'ardente mêlée de la presse : J'étais journaliste ! Heureux jour ! j'avais enfin trouvé ma voie. J'étais né pour la politique, j'étais né pour l'opposition. Comment ne l'avais-je pas deviné plus tôt !

*
* *

Mes fonctions furent d'abord modestes. On me chargea de la rédaction des faits divers. Mais dans cette humble sphère, je sus bientôt me rendre utile à la cause libérale. J'appris à faire tourner les plus petits événements à la gloire de nos principes. Une revue, une procession avait-elle eu lieu? Les journaux ministériels prétendaient toujours qu'un soleil sans tache avait présidé à la fête ! Moi, j'affirmais que le ciel était resté sombre, et que des nuages menaçants n'avaient cesser de planer sur la ville. Un incendie avait-il éclaté ? Pendant que les écrivains de la congrégation chantaient à l'envi le courage du clergé, moi, j'exaltais celui des édiles et celui des pompiers, etc., etc.

Content des services que, dans ce rôle obscur, je rendais au parti, je n'aspirais pas plus haut. La modestie enchaînait ma plume. Avant de me lancer dans le journalisme, je n'avais jamais écrit. L'indépendance de mon esprit m'avait empêché, je vous l'ai dit, de me livrer à des études suivies. L'histoire et la géographie ne m'avaient jamais offert beaucoup d'attrait; et je pensais que ces deux sciences étaient, sinon nécessaires, du moins fort utiles pour traiter pertinemment les questions de politique étrangère. Quant à la politique intérieure, je croyais qu'on ne pouvait la discuter sans avoir étudié le droit, les finances ou l'administration.

Je fus promptement guéri de ces puérils scrupules. Je pris peu à peu courage, je me risquai; mon troisième article, intitulé la *Camarilla*, me valut d'unanimes compliments. Bientôt, le *Libéral* me compta parmi ses plus ardents rédacteurs. Je prenais peu à peu la place d'Hector Gontier. Le pauvre garçon n'était évidemment pas né pour la politique. Il désapprouvait notre ligne, et (croyant nous faire injure) nous appelait révolutionnaires. Trop fier pour prendre sa part d'une œuvre à laquelle n'appartenaient pas ses sympathies, trop pauvre pour abandonner le journal, devenu son unique gagne-pain, il n'y remplissait plus que des fonctions subalternes, et je l'avais remplacé au poste du combat.

Combat! le mot est vrai. Déjà juillet 1830 s'avançait

à grands pas ; déjà les ordonnances étaient suspendues sur nos têtes. Quand la foudre éclata, le *Libéral* fut au niveau de ses devoirs. Tous ses rédacteurs, Hector seul excepté, signèrent la protestation des journalistes.

Le 29, M. le baron des Courties, qui n'avait plus que du mépris pour un roi parjure, m'entraînait à l'Hôtel de ville, et j'entendais Lafayette dire à M. d'Argout le mot sublime : *Il est trop tard !*

Le 30, nous entrions au Palais-Royal avec M. Laffitte. Le duc d'Orléans m'adressa la parole et me donna la main... Oh ! que n'est-il resté tel que je le vis alors !

*
* *

Peu de jours après, Louis-Philppe Ier était roi des Français, et votre père rédacteur en chef du *Libéral*. M. le baron des Courties, nommé ministre de France à La Haye, m'avait vendu son journal, que je comptais vouer à la défense de la monarchie citoyenne édifiée par nos mains. Pour mieux préciser le caractère nouveau de mon organe, j'en changeai le titre et l'appelai *La meilleure des Républiques*. Le jour où le premier numéro parut, j'appris que j'étais l'un des décorés de juillet.

Je tenais à m'assurer le concours de Gontier. Plus bizarre que jamais, le pauvre garçon me fit de nombreuses objections. Il me dit que les journées de juillet ne l'avaient pas converti au libéralisme, qu'il ne savait pas où nous allions, et cent balivernes pareilles. Je le fléchis cependant en lui faisant observer que mon journal, sincèrement attaché aux institutions nouvelles, allait être l'instrument d'une œuvre de paix et de conservation.

Et, en effet, tant que le pouvoir resta entre les mains austères des Laffitte et des Dupont (de l'Eure), *La meilleure des Républiques* se montra satisfaite, et, tout en ne lui ménageant pas certaines de ces critiques sans lesquelles un gouvernement s'engourdirait vite, elle soutint carrément l'*état de choses*.

Mais dès les derniers jours de 1830, Lafayette perdait le commandement des gardes nationales de France, et cette première iniquité suscitait mes soupçons. Lafayette était mon idéal politique, c'était mon idole; toucher à ce grand citoyen, c'était me faire un outrage personnel.

Cette défiance, hélas ! devait bientôt s'aggraver. L'attitude du ministère Périer m'exaspéra. Les déplorables scènes de juin 1832, décidèrent la rupture entre le système et moi : La charte était encore un mot, — ce n'était plus une vérité ! Mon devoir était écrit. Je dus tourner contre le *roi de mon choix* l'instrument dont je m'étais armé pour le défendre.

Cette détermination me coûta. Louis-Philippe m'était personnellement sympathique. J'avais assisté à son avénement. J'y avais pris quelque part. J'avais reçu avec l'une de ses premières poignées de main l'une de ses premières promesses. J'aimais ses allures simples et paternelles. Sa grandeur ne vous écrasait pas; on se sentait son égal : c'était bien le Roi tel que je le comprenais. J'estimais enfin ses vertus domestiques, son amour de l'ordre, et je le proclamais volontiers *le plus honnête homme de son royaume*. Mais pourquoi s'obstinait-il à vouloir *gouverner?* Etait-ce donc pour cela que nous lui avions donné le pouvoir!.....

*
* *

Mon parti pris, je n'hésitai plus. J'allai trouver M. de Lafayette et mis mon journal à ses pieds. Il me reçut avec sa bienveillance ordinaire. Il m'appela son *jeune ami.* Il accepta mon offre, et depuis ce jour jusqu'à celui de sa mort, *La meilleure des Républiques* reçut l'inspiration de sa haute pensée.

L'avantage de cet illustre concours fut atténué pour moi par le départ de l'ami Gontier. Un beau matin, cet être original me signifia tout net qu'il était entré au journal pour consolider l'édifice social ébranlé en 1830, et non pour préparer une révolution nouvelle; qu'en conséquence il me quittait pour entrer au *Journal des Débats*, où un humble emploi lui était offert; il allait se trouver enfin dans l'atmosphère épaisse qui convenait à son bizarre tempérament.

Cette résolution devait lui coûter cher. Quand on apprit qu'il entrait aux *Débats*, ce fut dans le camp libéral un *tolle* d'indignation. Il n'y eut pas d'injures assez fortes pour ce traître et ce renégat, pour l'écrivain sans foi, qui livrait ses dieux au prix d'une obole. Excepté moi, qui connaissais son noble cœur, tous les hommes austères l'accablaient de leur mépris; leur malédiction pesa sur sa vie tout entière.

Quant à moi, j'acquerais chaque jour une plus grande importance. J'étais membre de toutes les sociétés politiques, vice-président de la *Société des droits de l'homme*, etc. Mon journal était l'un des plus répandus, l'un des plus influents. Une heureuse circonstance en devait bientôt doubler l'autorité.

Vous avez, sans nul doute, entendu parler de cette grande affaire Dulong, qui passionna toute la France en l'année 1834. Dulong, l'un des nôtres, un noble cœur, dont la vive opposition taquinait particulièrement le pouvoir, avait insulté le général Bugeaud. Un duel s'en suivit. Dulong y trouva la mort.

Le bruit se répandit aussitôt que le duel avait été convenu dans le cabinet du roi, et que le général Bugeaud s'était fait l'exécuteur d'augustes intentions. Je m'emparai de ce bruit, et chaque matin, je le répétai dans mon journal, à peu près absorbé par cette grande polémique. Le soupçon, vague d'abord, devint à la longue une certitude : Ma persistance eût triomphé de la plus robuste incrédulité.

Je me suis demandé parfois si je n'eus pas quelque tort d'accréditer ce récit, dont l'exactitude, après tout, me semblait fort douteuse : C'est chose grave d'accuser un homme — même un roi ! — d'assassinat prémédité... Mais repoussons ces remords irréfléchis ! La politique absout ce qui se fait en son nom. Mes intentions étaient pures et je servais loyalement mon parti.

Cependant, le parquet avait l'œil sur moi ; dans l'un des soixante-douze articles que je consacrai à cette douloureuse affaire, il crut trouver le prétexte d'une poursuite et résolut de se venger.

« *Oui*, avais-je écrit, *oui, Dulong, notre ami, notre frère, tu es mort assassiné ; nous le savons ! Mais que tes mânes reposent en paix. Ton sang, comme celui des martyrs, fécondera la terre qui l'a bu. Une armée de vengeurs en surgira. Dulong ! Dulong ! nous te ferons de splendides funérailles.* »

Le jour où cet article parut — c'était le 9 août 1834 — une députation de patriotes vint me lire une harangue et m'apporter une couronne civique ; et quelques instants plus tard, je recevais une assignation du parquet. On prétendait découvrir dans mes paroles une excitation à la haine du gouvernement. Déjà, le système jetait le masque et marchait à grands pas vers les lois de septembre. On allait m'essayer le bâillon !

Mon procès fut solennellement annoncé. Chaque matin, chaque soir, les feuilles libérales, sous quelque nouveau prétexte, en occupaient leurs lecteurs. Un jour, on m'attribuait tel avocat, — le lendemain tel autre, — le surlendemain, on *croyait savoir* que je me défendrais moi-même. A la plus belle place du journal on lisait :

« *C'est décidément dans un mois que vient le procès de M. Prudhomme. — Dans quinze jours la France assistera aux émouvants débats du procès Prudhomme. — Nos lecteurs le savent, c'est la semaine prochaine que sera appelé le procès de* La meilleure des Républiques. *— C'est après-demain, qu'avec M. Prudhomme, la liberté de la presse* *doit comparaître devant le jury. — A demain le grand procès Prudhomme.* »

J'étais devenu un événement.

Vers les derniers jours, pour augmenter l'intérêt que ma cause inspirait d'elle-même aux honnêtes gens, on annonçait qu'outre le principe sacré de la liberté de la presse, le principe, non moins sacré, de la publicité des débats judiciaires allait être violé dans ma personne; le prétoire serait entièrement rempli, disait-on, par les familiers du château. Je dois à la vérité de déclarer que cette assertion, dictée par un noble sentiment, n'était pas d'une scrupuleuse exactitude : le président m'avait au contraire, avec une parfaite courtoisie, offert plus de billets que je n'en avais pu placer, et la salle se trouvait ainsi réservée à mes amis.

Je comparus.

J'étais assisté par les premiers avocats de chacune des fractions du parti libéral, depuis Berryer jusqu'à Ledru-Rollin. — Ils voulaient affirmer en moi l'inviolabilité de la presse, ce palladium des libertés publiques. Ils furent foudroyants d'éloquence. Des tonnerres d'applaudissements accueillirent chacune de leurs paroles. On dut faire évacuer la salle.

Je fus acquitté.

Quand on connut le verdict du jury, d'immenses acclamations retentirent. Une foule enthousiaste attendait, pour les saluer de ses vivats, ces honnêtes citoyens qui, d'une main ferme, avaient su tenir le drapeau libéral.

Quant à moi, elle m'accompagna triomphalement jusqu'à ma demeure.

Le lendemain, les journaux indépendants jetaient mon panégyrique aux quatre coins de la France, et, quelques jours plus tard, je recevais une médaille, où, d'un côté, figurait mon profil orné d'une couronne de chêne, où de l'autre étaient gravés ces mots : AU COURAGE CIVIQUE. Je comptais, dès cette heure, au nombre des victimes du pouvoir, parmi les héros du grand parti : — j'avais souffert pour la liberté !

*
* *

Les élections de la garde nationale eurent lieu le mois suivant : mes frères d'armes m'appelèrent à leur tête, je fus nommé colonel : honneur que j'ambitionnais depuis longtemps, sans oser le briguer.

Cette récompense douce à mon cœur n'était pas la seule dont devait être couronné mon zèle désintéressé pour le bien public. La gloire me souriait. Mon nom volait sur toutes les bouches. On me désirait, on me fêtait partout. On se disputait mes autographes. On m'applaudissait dès que j'apparaissais dans une réunion publique. Ma statuette figurait à toutes les vitrines élégantes, j'étais même représenté en pipe : témoignage touchant de la reconnaissance populaire.

La prospérité de mon journal et l'accroissement du légitime profit que j'en retirais m'était une autre preuve de la faveur universelle... Oh ! mon fils, il est bien doux de se voir ainsi dédommagé des sacrifices qu'on a faits à sa cause !

Chaque matin, dix, vingt, trente personnes accouraient chez moi pour prendre mes conseils ou solliciter mon appui. Pendant qu'elles attendaient mon lever, mon valet de chambre me présentait un monceau de lettres, de suppliques et d'invitations.

Je n'étais pas seulement recherché, fêté dans les salons de mon parti ; la société étrangère était fort curieuse de me connaître, et m'attirait avec mille grâces aimables. Quand j'entrais dans une de ces nobles demeures, on chuchotait, on me désignait, tous les yeux se tournaient vers moi. On tenait à honneur de m'être présenté. Je faisais centre.

Les partisans, les serviteurs du gouvernement m'accueillaient eux-mêmes avec une grâce exquise. La courtoisie naturelle au caractère français les engageait à me faire un meilleur accueil qu'à leurs propres amis. Les ministres m'invitaient à leurs fêtes, à leurs dîners ; leurs femmes se montraient pleines de prévenances pour madame Prudhomme. Et je lisais sur leur visage qu'en me faisant ces gracieuses avances, ils s'estimaient fort habiles. Ils savaient bien pourtant qu'ils ne m'arracheraient pas la plus petite concession ! Mais tel est, dans notre généreux pays, où la valeur sera toujours estimée, le prestige naturel de l'opposition.

Le duc d'Orléans désira me connaître, et m'invita à l'un de ses *raouts*. Je fus flatté, malgré moi, du désir exprimé par le Prince Royal ; je m'y rendis. De nombreux exemples m'y autorisaient. On allait au Pavillon Marsan : c'était admis. Le prince me reçut, d'ailleurs, de façon à me mettre immédiatement à l'aise :

« Monsieur Prudhomme, me dit-il, je vous remercie d'avoir accepté mon invitation. Vous pouvez venir ici, soyez-en sûr, sans qu'il en coûte à vos inflexibles principes. Vous n'aurez point à dissimuler devant moi vos opinions. J'aime le franc langage. Au Pavillon Marsan, on est libre !

— Hélas ! monseigneur, répondis-je en levant fièrement la tête, pourquoi toute la France n'y est-elle pas invitée ? » Le mot fut répété. Nos amis le trouvèrent charmant. Dès le lendemain, tout Paris le connaissait.

Quand on vit mon assiduité aux fêtes du Prince Royal, on espéra m'attirer jusqu'au Château. Plusieurs fois on me fit à ce sujet de discrètes ouvertures, auxquelles je répondis évasivement. Cette concession m'effrayait. J'hésitais cependant, quand un jour je lus dans les dépêches télégraphiques adressées de

Paris aux départements et à l'étranger : « *M. Prud-homme doit dîner prochainement aux Tuileries.* »

Cette assurance me blessa. La verte façon dont je relevai, dans mon journal, l'insidieuse dépêche, leur prouva que mes principes étaient plus solides qu'ils ne l'avaient pensé. Je n'en fus pas moins flatté, je dois l'avouer, de voir que mon nom concentrait l'attention de l'Europe, et qu'on désirait avec tant d'ardeur que je prisse place à la table royale. Est-il bien sûr, me disais-je, avec un retour philosophique sur les inconséquences de ce monde, est-il bien sûr que si j'eusse passé ma vie à louer, même à servir ce régime, il eût attaché un tel prix à ma présence ? Est-ce bien M. Prudhomme ? n'est-ce pas plutôt l'adversaire qu'on désire posséder ?

Cette tentative de corruption ayant échoué, on en risqua bientôt une autre : sous prétexte de garde natio-nale, on voulut me décorer. C'était pour moi une nou-velle et excellente occasion de m'affirmer. Je refusai. Je préférai rester, comme dit le poëte,

. . . . . . décoré de ma poitrine nue.

Être décoré comme tout le monde, le bel honneur en vérité ! Mais n'être pas décoré, comme Berryer, Clais-Bizoin, Garnier Pagès, Carnot et Thiers, quelle gloire supérieure !

Si j'inscris ce dernier nom sur cette liste d'honneur, ce n'est pas que j'ignore, croyez-le bien, qu'autrefois, chargé du fardeau des affaires, l'illustre historien du *Consulat* n'ait dû, comme les autres, accepter le grand cordon. Mais depuis, il eut le bon sens d'apprécier ce hochet à sa juste valeur. Il a donné trop de croix pour en ignorer le prix. Il comprend qu'il ferait trop d'honneur au ruban rouge en lui livrant sa boutonnière : il laisse cette bagatelle aux secrétaires d'ambassade, aux chefs de cabinet. Gloire à lui !

Je refusai donc. Mais je ne pouvais m'empêcher de penser avec quelque satisfaction que si j'eusse accepté, c'eût été fête au Château. La Bourse en eût peut-être senti le contre-coup salutaire, et le cabinet eût fait développer ce thème dans les journaux officieux : « La situation du gouvernement français s'améliore tous les jours ; l'autocrate moscovite continue à bouder le nouvel état de choses, mais M. Prudhomme le reconnaît. Il vient d'accepter la croix... Grave symptôme ! » C'est sans doute Gontier qu'on eût chargé de faire l'article.

*
* *

Pauvre Gontier !... Quand je comparais son sort au mien, comme je me sentais affermi dans ma première appréciation sur son compte ! Comme je me félicitais d'avoir préféré la route escarpée des libres convictions au chemin fleuri des faveurs officielles.

Hector occupait toujours, au *Journal des Débats*, une place fort modeste. On le consultait pourtant, et, dans les circonstances graves, on tenait un compte sérieux de son avis. Son influence avait grandi : sa situation était restée la même. Chaque jour, de nouveaux rédacteurs, venus du sein de l'opposition, passaient devant lui ; on leur faisait fête, on leur donnait la meilleure place au foyer. Il laissait faire. La petite réputation littéraire qu'il s'était acquise au début s'en allait elle-même. Son nom n'était plus prononcé. Il n'avait point de relations. Les moindres chefs de bureau lui faisaient faire antichambre et le recevaient mal. Quand il avait quelque petit service à demander au gouvernement, c'était à moi qu'il devait recourir. Je souffrais de le voir ainsi végéter. Je l'aimais beaucoup, bien que le sort nous eût jetés dans deux camps ennemis. Un moment, j'avais espéré que nous pourrions nous trouver alliés : quand la grande coalition se forma, je pensais que, fidèle à M. Guizot, le *Journal des Débats* allait, à sa suite, entrer dans la ligue. Il n'en fut rien. Les *Débats* quittèrent leur ancien maître et suivirent M. Molé ; j'appris que M. Bertin, d'abord hésitant, n'avait pris ce parti qu'après une éloquente sortie d'Hector. Même en défendant M. Guizot, je devais donc l'avoir pour adversaire. Etrange combinaison du sort ! mais la passion politique nous séparait sans nous diviser. C'était toujours mon ami ; je désirais vivement améliorer son sort.

Quand M. Molé me fit offrir la croix, j'allai le voir pour le remercier et lui exposer les raisons d'ordre supérieur qui me forçaient de répondre par un refus à sa gracieuse intention... J'osai le prier d'en reporter le bénéfice sur mon vieil ami. Je lui rappelai les titres d'Hector à la reconnaissance du gouvernement et le service signalé qu'il venait de rendre au cabinet, en lui assurant le concours des *Débats*.

« Mon cher monsieur Prudhomme, me dit M. Molé, je suis vraiment désolé de vous refuser. J'aurais éprouvé le plus vif plaisir à vous être agréable, et je vous prie de me fournir l'occasion de vous le prouver... Mais vous me demandez l'impossible : la croix ! un journaliste !... Impossible ! impossible !... Demandez autre chose pour vous, pour M. Gontier, pour qui que ce soit : c'est accordé. »

Le pauvre Hector, à qui je confiai cette conversation, me dit que la politique commençait à le fatiguer; qu'il serait fort heureux de se réfugier dans quelque emploi modeste où il pût tranquillement finir ses jours, que la justice de paix d'Aix, sa ville natale (en ce moment vacante), comblerait ses vœux ; je retournai voir M. Molé, qui me promit la place. Il ne tint qu'à moitié sa parole, on n'offrit à Gontier qu'une justice de paix de canton. Avide de repos, il l'accepta.

*
* *

Cependant, le nouveau genre de vie auquel j'étais condamné, les brillantes relations qu'il m'imposait, étaient devenus pour moi l'occasion de dépenses auxquelles j'avais peine à suffire. L'apparition de la *Presse*, en 1836, m'avait porté, comme à tous mes confrères, un coup fatal. J'avais dû réduire de moitié le prix des abonnements; le nombre des souscripteurs n'avait point assez augmenté pour couvrir la différence. Un second procès m'eût été bien utile. Je l'avais compris depuis longtemps, et j'avais courageusement affronté le péril. J'avais écrit sur *l'embastillement de Paris*, sur le traité d'Haïti et l'abaissement de la France, sur l'affaire des *Lettres* et vingt autres sujets, des articles plus violents mille fois que celui qui m'avait valu mon premier procès : Efforts inutiles ! Le parquet fermait les yeux. J'étais devenu trop important; mon journal avait acquis une trop grande importance, on n'osait plus me toucher !

Les circonstances vinrent enfin conspirer avec mes désirs. Vous le savez, quand le cabinet Molé céda sous les coups de la coalition, le système se débattit en efforts impuissants pour le remplacer. Les tiraillements, les hésitations durèrent plus de deux mois ; le malaise et l'agitation croissaient tous les jours. Le gouvernement, l'administration se décomposaient rapidement : les ennemis du pouvoir ne négligèrent pas une si belle occasion ; le 12 mai, une insurrection terrible éclata ; le jour même, un cabinet sérieux se formait sous la présidence du maréchal Soult. Pour effrayer les mécontents, rassurer les satisfaits, pour faire sentir à tous la main de l'autorité, un coup d'éclat était jugé nécessaire : — Je fus la victime désignée.

On rechercha un article écrit par moi deux jours avant l'émeute. Dans cet article intitulé : AUX ARMES, CITOYENS ! j'engageais le peuple à défendre, par la force au besoin, ses droits menacés. Mais ce n'était là, vous le comprenez, qu'une manœuvre politique, et je n'avais nul désir que l'on prît au sérieux mes paroles.

Le parquet feignit pourtant de voir dans cet article une pensée séditieuse. Sans oser m'accuser de complicité morale, comme l'infortuné Dupoty, le ministère public (alors représenté par M. Hébert, qui depuis est revenu à de meilleurs sentiments) me poursuivit une seconde fois pour excitation à la haine du gouvernement, et requit contre moi l'amende et la prison.

Je me défendis moi-même. Je relus mon article avec une noble chaleur, je déclarai qu'on avait torturé ma pensée pour y trouver un délit; que je ne mentais jamais ; que si j'étais criminel je n'hésiterais pas à l'avouer ; que la pensée de mon article était entièrement pacifique... « Et que d'ailleurs eût-elle été, comme on le prétendait, un encouragement à la révolte, elle n'eût pas excédé mes droits de citoyen; car il était évident qu'en présence de la politique honteuse du système, l'insurrection devenait la plus sainte des obligations. » Et découvrant ma poitrine, je terminai par ce mot qui fit courir un frisson dans la salle, et qui est resté au répertoire de l'opposition :

« Oui, j'ai fait mon devoir; et maintenant prenez mon sang ! »

Un tonnerre d'applaudissements accueillit mes paroles. Mais le jury, selon les instructions ministérielles, avait été soigneusement trié. Il resta sourd à ma voix comme à celle de sa conscience. Il me condamna à 500 fr. d'amende.

Prétextant un vice de forme, je me pourvus. Je ne nourrissais pas la moindre illusion sur le succès de cette nouvelle instance ; mais il m'importait de prolonger la favorable impression produite par cette affaire sur l'esprit public. Mon pourvoi fut naturellement rejeté ; je dus acquitter l'amende, qui me fut remboursée, selon l'usage, par l'*Association pour la défense de la liberté de la presse.*

*
* *

Le résultat de ce procès, habilement prolongé, dépassa mon attente. Le premier avait fait de moi un *héros;* après le second, je fus proclamé *martyr.* On vendait ma biographie sur les boulevards. Les députations encombraient ma rue; le tirage de la *Meilleure des Républiques* avait augmenté d'un tiers.

Nous étions arrivés au commencement de l'année 1842; on préparait déjà les élections générales. Des électeurs influents du 2ᵉ collége des Bouches-du-Rhône, légitimistes pour la plupart, jetèrent les yeux sur moi, me garantissant le succès. Je me rendis à leurs vœux. La lutte fut vive. L'arrondissement où je posais ma candidature était précisément celui dans lequel Hector exerçait ses fonctions. Le ministère avait adressé aux préfets des instructions énergiques. Ceux-ci, en les accentuant, les avaient transmises à leurs subordonnés. Le zèle d'Hector n'avait pas besoin d'être excité. Il me prévint nettement qu'il allait me combattre, et tint parole. Il me fit une guerre acharnée.

Je fus élu néanmoins.

Mais, dans la vérification de mes pouvoirs, un imprudent ami du ministère ayant osé critiquer une des ruses employées par mes partisans pour assurer mon succès, le rapporteur de mon élection — un libéral — lui répondit en relevant les manœuvres de Gontier. Mon parti s'empara, malgré moi, de l'incident. On demanda des explications au ministre de l'intérieur.

Celui-ci, prenant une attitude majestueuse, répondit que le gouvernement était aussi soucieux que ses adversaires de la liberté électorale, et que le débat imprudemment soulevé par eux allait en fournir une preuve éclatante. « Les faits reprochés à M. Gontier nous étaient déjà connus, ajouta-t-il, et de nous-même, avant que ces débats fussent ouverts, nous lui en avions exprimé notre mécontentement; depuis deux jours la destitution de ce fonctionnaire est prononcée. »

Le ministre gagna son banc la tête haute, et salué des enthousiastes bravos de la majorité. La destitution était naturellement improvisée pour les besoins de la cause; mais si elle n'était pas signée quand le ministre l'avait dite, elle le fut le lendemain.

Hector accourut à Paris, fort blessé de sa disgrâce. Profitant de cette légitime irritation, je lui ouvris mes bras et mes colonnes. Il se rendit à mes instances. J'annonçai bruyamment son concours à mes lecteurs. Cette nouvelle produisit le meilleur effet. Le ministère lui offrit aussitôt un poste plus avantageux, qu'il refusa. Tous ses anciens amis revinrent à lui. Ceux qui l'avaient le plus rudement attaqué quand il avait trahi la cause de la liberté pour celle du pouvoir n'eurent pas d'éloges assez vifs pour ce courageux retour à la bonne cause. Sa première défaillance fut oubliée. Il reconquit aussitôt l'estime des honnêtes gens..... Hélas ! il ne put jouir longtemps de ce bonheur. Son tempérament, usé par les longues luttes de sa vie militante, n'avait pu résister à la dernière secousse d'une disgrâce injuste et flétrissante. La maladie le saisit et l'emporta avant qu'il eût pu nous donner le concours qu'il nous avait promis.

Malheureux ami ! tu étais digne assurément d'un meilleur sort !

Méditez cet exemple, Joseph ! et voyez à quel triste dénoûment peut aboutir une vie mal engagée !

*
*

Quant à moi, je voyais la mienne poursuivre, au contraire, un heureux cours. Directeur d'un journal influent, colonel de la garde civique, homme répandu, familier des ministres, commensal d'un prince et député, — j'admirais, malgré moi, la justice du sort qui semblait se plaire à adoucir l'âpreté de ma mission.

Je me plaçai, à la Chambre, entre MM. Havin et Barrot. Je prétendais fonder entre eux une nuance nouvelle qui me semblait manquer à la collection. Je parlais peu, mais je recueillais, je signais toutes les propositions; j'interrompais surtout. Je me distinguai dans l'affaire Pritchard, qui avait particulièrement ému ma susceptibilité nationale, j'eus même l'honneur d'inventer la qualification de *pritchardiste*, dont le succès dépassa mon attente.

J'acquis une prompte influence; les ministres comptaient avec moi; je les voyais à mes pieds. Il n'eût tenu qu'à moi d'être conseiller d'Etat, receveur général, pair de France, baron peut-être! A chaque instant, M. Génie venait me faire quelque ouverture nouvelle: je les repoussai toutes : je ne voulais entrer au pouvoir que par la grande porte.

J'allais y parvenir : vers la fin de 1847, M. Odilon Barrot m'avait promis un portefeuille secondaire dans le ministère libéral qu'il ne pouvait manquer d'avoir bientôt à former. La campagne des banquets vint servir mes desseins. J'y suppléai mon chef; j'allai présider toutes les réunions auxquelles il ne pouvait se rendre.

On me décerna la vice-présidence du banquet du douzième arrondissement. La fortune me souriait; la réforme était imminente, je voyais déjà le portefeuille dans mes mains.

Mais, — le cygne de Cambrai l'a dit : — « L'homme s'agite et Dieu le mène. » Au moment où je pensais marcher à grands pas vers le Capitole, je m'acheminais aveuglément vers la Roche Tarpéienne !...

Chargé de l'organisation politique du banquet, je n'avais rien négligé pour que cette grande manifestation conservât un caractère pacifique et se renfermât dans les bornes de la légalité. J'avais, à cette occasion, fait à la sagesse du peuple de pressants appels qui furent insérés dans tous les journaux, affichés sur tous les murs.

*
* *

Hélas ! vous le savez, le langage de la prudence ne fut pas écouté. Le 22 au matin, l'agitation commença. Vers deux heures elle devint menaçante. Je me devais à l'ordre, je me devais à la liberté : j'endossai mon uniforme et ceignis mon épée ; et je descendis dans la rue pour crier :

Vive la réforme !

Hélas ! à ce cri constitutionnel succédait bientôt celui de *Vive la république !* et ce vœu irréfléchi d'une multitude égarée ne devait pas tarder à devenir lui-même une réalité. Le trône élevé par nos mains s'effondra. — La république fut.

***

Cet événement me surprit péniblement, je ne vous le cacherai pas. Sans doute, j'aime la liberté, mais j'aime encore mieux l'ordre, où je vois la base de toute société. Sans doute, j'avais voulu donner une leçon au pouvoir ; mais je ne désirais pas qu'elle fût si sévère. Je ne voulais pas que le flambeau du progrès devînt la torche des dissensions civiles. Le mot de république éveillait dans mon esprit tout un monde de souvenirs sinistres et de sombres pressentiments.

Pressentiments, hélas ! trop fondés : quinze jours après la chute du roi Louis-Philippe, la maison Gouin, qui avait succédé à la maison Laffite, et dans laquelle j'avais imprudemment laissé mes fonds, suspendait ses payements. Je perdis la moitié de mon patrimoine.

Je ne me laissai pas démonter par ce coup douloureux ; je luttai courageusement contre le courant furieux qui menaçait d'entraîner dans sa course effrénée, religion, propriété, famille, « toutes les bases du lien social... » pour employer la belle expression d'un grand orateur légitimiste. Me rendant au patriotique appel du général Cavaignac, je fis plusieurs brochures à l'usage du peuple (*Du principe d'autorité, Ce que coûtent les révolutions*, etc.). Au moindre appel du tambour, je sortais armé de mon fusil, car la république m'avait ôté mes épaulettes et mon épée.

Le 23 juin, de sinistre mémoire, je combattis à la barricade de la Porte-Saint-Denis. J'y reçus une balle qui me fracassa l'épaule et me jeta au lit pour trois mois.

Couché sur ce lit de douleur, j'eus un moment de défaillance morale. Je sentis s'ébranler dans mon cœur les convictions de ma vie. Je me pris à douter de moi-même, de ma mission jusqu'à ce jour si péniblement accomplie ; je me demandai si je n'avais pas provoqué les troubles violents qui nous agitaient, qui menaçaient de nous engloutir... Je regrette aujourd'hui cette heure de faiblesse ; mais la maladie avait usé mon énergie, et je ne possédais pas la plénitude de mes facultés.

Quand je pus quitter la chambre, on était à la veille de l'élection présidentielle. J'eus à peine le temps de participer aux travaux du comité de la rue de Poitiers. J'employai de mon mieux les derniers moments, et je travaillai de toutes mes forces, — insensé que j'étais ! — au triomphe de Louis-Napoléon. Je l'avoue même, je sentis, à ses premiers actes, une main de fer et je m'en réjouis. A l'Assemblée législative, où m'avaient renvoyé les électeurs de Marseille, je ne lui marchandai pas mon concours, je ne m'associai pas aux protestations qu'arrachèrent aux esprits clairvoyants les premiers excès des prétoriens.

Enfin, par un égarement que je conçois à peine, j'allai ainsi jusqu'à la fin, l'encourageant, le poussant et (sans doute entraîné par mes vieilles habitudes d'opposition) conspirant contre la République.

Il faut tout dire : J'avais laissé la peur se glisser dans mon âme, je redoutais des dangers chimériques. Je désirais dans le fond du cœur que l'élu du 10 décembre conservât le plus longtemps possible un pouvoir hors duquel je n'apercevais que le socialisme et ses hordes barbares.

J'envisageais avec angoisse la terrible échéance de 1852, et je me disais, avec le jeune prince de Broglie, que *nous étions à la veille d'un des plus grands dangers qui aient jamais menacé la société, d'une des plus formidables crises politiques qui aient jamais plané sur une nation* (1).

______

(1) 1852 et la Révision de la Constitution, *Revue des Deux-Mondes*, 15 mai 1851.

*
* *

Le coup d'Etat se fit. J'ose à peine le dire, cet événement ne m'affligea pas ; j'assistai sans douleur à la chute des libertés publiques, et je laissai s'ouvrir sans protester l'ère de l'effacement et du marasme.

Mais je pensais avec l'illustre comte de Montalembert :

« Il faut choisir entre Louis-Napoléon et la ruine totale de la France; mon choix est fait. Je suis pour l'autorité contre la révolte, pour la conservation contre la destruction, pour la société contre le socialisme, pour la liberté possible du bien contre la liberté certaine du mal. (1) »

Hélas ! aujourd'hui que le péril est loin, que nous pouvons l'examiner froidement, je vois bien qu'on s'en exagérait la gravité. Mais alors la frayeur égarait nos sens.

Je ne voulus pourtant pas rentrer dans la vie publique. Ce que je pensais au fond du cœur, je ne pouvais le dire à haute voix. Bien qu'approuvant le nouvel état de choses, je ne voulais pas le servir, — et le rôle de

____

(1) *Lettre aux catholiques,* 12 déc. 1851.

l'opposition y était bien ingrat. J'avais besoin d'ailleurs de refaire ma fortune gravement entamée par les événements de février. Mes relations politiques me facilitèrent cette tâche. On m'offrit de me nommer administrateur du chemin de fer de *** ; j'acceptai. Là, tranquille et serein, revenu des ambitions de ce monde et m'enfermant dans une abstention sympathique, je laissai se dérouler devant mes yeux le tableau des événements.

Un des aspects du régime nouveau me séduisait surtout : il portait haut le drapeau tricolore. J'ai toujours été fort soucieux, vous le savez, de l'honneur national. J'étais heureux de voir nos aigles, humiliées pendant dix-huit années, se redresser fièrement à la face de l'Europe. La prise de Sébastopol fut l'un des plus beaux jours de ma vie. A cette occasion, bien que je me fusse juré de rester enfermé dans la plus scrupuleuse neutralité, je ne pus résister à la tentation d'illuminer ma demeure.

Quelques années plus tard, les victoires de Magenta et de Solferino venaient renouveler en moi toutes les joies du patriotisme... Et pourtant, je dois le dire, les succès de Garibaldi me transportaient plus encore que ceux de notre brave armée. J'éprouvais pour le héros de Varèse une ardente sympathie. Il me semblait voir revivre en lui les traits chéris du vertueux Lafayette. Sans le connaître, un jour je pris la plume et lui adressai le témoignage bouillant de mon admiration. Il me répondit un billet de trois lignes, où il me disait que l'Italie comptait sur moi. Depuis ce jour, nous avons entretenu les relations les plus cordiales et les plus suivies.

Les événements militaires et financiers étaient les seuls par lesquels je prisse part aux destinées de mon pays.

La vié publique était hermétiquement fermée pour moi.

Mais ce repos, cette abstention qui, douze années auparavant, me semblaient si doux, à la fin me pesèrent. Ma fortune avait amplement réparé ses brèches, les affaires ne m'offraient plus une distraction suffisante. La paralysie m'envahissait. « Navigateur engourdi, comme a dit éloquemment Mᵉ Dufaure, j'allais mourir d'ennui dans le marasme et le calme plat. » (1) Je ne me sentais plus vivre, j'éprouvais le besoin de me sentir vivre ! L'opposition reprenait, d'ailleurs, une certaine importance, et l'opinion, qui l'avait quelque temps boudée, semblait lui rendre ses faveurs... Le remords me prit alors ; je compris que j'avais trop longtemps sacrifié à un égoïste repos les idoles de ma vie, que, pour mourir en paix avec moi-même, je devais leur consacrer mes dernières années ; je secouai mes membres engourdis ; je pris part au réveil libéral

(1) Procès des Treize.

qu'on signalait aux quatre coins de la France, et je re-
naquis à la vie publique.

*
* *

Je renouai mes anciennes relations politiques. Je me
rendis aux divers congrès internationaux, où, prenant
un bain d'air libre, aspirant l'air libre à pleins pou-
mons, je pouvais dégonfler mon cœur et déplorer en
toute liberté l'abaissement de la France. La patriotique
chaleur avec laquelle je peignais les souffrances et la
dégradation de notre infortuné pays, m'attirait les cha-
leureux applaudissements de mon auditoire cosmopolite,
applaudissements doux à mon cœur, car j'y voyais la
preuve que mon nom n'était pas estimé seulement sur
les rives qui m'ont donné le jour.

Je fis des conférences à la salle Barthélemy, où mon
entrée était toujours saluée par de chaudes acclamations.

J'adressai des lettres à *l'Echo du lundi*, sur les
travaux de Paris, et des articles à l'*Opinion publique*
sur l'instruction gratuite et obligatoire. Cette cause
m'était particulièrement chère. Le premier, je sommai

le gouvernement d'augmenter de quarante millions le budget de l'instruction publique et les principaux organes de la presse libérale se joignirent bientôt à moi. L'instruction! l'instruction gratuite! le peuple a droit à ce bienfait; il le lui faut : il ne saurait le payer trop cher!

Dès le début de la campagne de 1863, la présidence du fameux *Comité des comités* me fut confiée. Autour de moi se rangeait toute une pléïade de jeunes patriotes dont je vous lègue l'amitié comme mon bien le plus précieux. Braves jeunes gens! comme ils s'aimaient! comme ils parlaient l'un de l'autre avec estime et sympathie! Animés d'une juvénile ardeur, brûlant pour la liberté d'une flamme désintéressée, ils attendaient impatiemment le jour où il leur serait permis de se dévouer tout entiers au bien public et de remplacer au Corps législatif cette inutile légion d'industriels, d'agriculteurs et de financiers, d'anciens administrateurs ou d'anciens magistrats, qui l'encombre aujourd'hui. Ils m'aimaient. Ils saluaient en moi la science du capitaine, et la vivante tradition.

La période électorale s'ouvrit. Je déposai mon serment. Quelques anciens amis s'en étonnèrent. Je ne me l'explique pas : comme on l'a justement fait observer dans une réunion célèbre, « il y avait des précédents, » de nombreux précédents.

Je me présentai dans cinq départements : la Charente, la Marne, la Gironde, le Pas-de-Calais, le Haut-Rhin. J'ai cru devoir vous conserver la circulaire que j'adressai aux électeurs de ce dernier département, et que, sauf quelques particularités locales, j'avais identiquement répétée pour les autres colléges.

La voici :

A Messieurs les électeurs de la 3ᵉ circonscription du Haut-Rhin.

« Electeurs !

» Le scrutin va s'ouvrir.

» Marchez-y d'un pas calme et résolu. Ecoutez le cri de votre conscience et fermez l'oreille aux insinuations du pouvoir.

» Un grand nombre d'entre vous, appartenant aux fractions les plus opposées de l'opinion libérale, sont venus me supplier de prendre en main le drapeau de l'opposition légale. Après y avoir mûrement réfléchi, je me rends à leurs instances.

» Je ne vous le cacherai pas, chers concitoyens, cette résolution m'a coûté. Après les douloureuses épreuves de ma trop longue carrière, j'aspirais à passer mes dernières années dans un repos plein de tristesse. Vous ne l'avez pas voulu. Je vous immole ma tranquillité. J'ajoute ce sacrifice suprême à tous ceux que m'a déjà coûtés ma foi politique, — et je viens vous prier de vouloir bien me réserver vos suffrages.

» Je ne suis pas un nouveau venu dans l'arène des partis. Vous me connaissez. Vous savez qu'indépendant par position et par caractère, je puis dire avec un empereur romain : « Je suis le fils de moi-même. » Vous connaissez mes principes. Je n'aurais nul besoin de vous les exprimer ici : je ne puis pourtant laisser passer une si naturelle occasion d'affirmer une fois de plus mes convictions.

« Electeurs,

» J'aime l'ordre, cette base essentielle de toute société, mais j'aime plus encore le progrès, la liberté. Je voudrais être l'instrument d'une entente durable entre le peuple et le pouvoir, sur des bases à la fois conservatrices et libérales.

» La génération actuelle, l'oreille tendue et l'œil tourné vers l'horizon, attend avec anxiété cette solution, sans laquelle il ne peut y avoir pour elle que révolutions et bouleversements à subir. Mes yeux, comme les siens, sont fixés sur l'avenir. *Sursum corda*, telle est ma devise : les principes de 89, ces immortels principes sans lesquels nous gémirions encore sous le double joug de la féodalité et de la superstition, tel est mon *Credo*.

» Et pour moi, Electeurs, appliquer les principes de 89, c'est tout à la fois : — nous donner ce fameux couronnement de l'édifice depuis si longtemps promis, — — nous accorder toutes les libertés sans exception, — renoncer aux folles utopies du libre-échange (1), — réaliser de profondes économies, — accroître le bien-être général, — mettre un terme à ces expéditions qui dévorent nos finances — et prendre en main la cause de la solidarité des peuples.

» Car, je ne veux pas les garder pour mon pays, nos sublimes principes ; je veux en gratifier l'Europe et l'univers entier. Je suis citoyen de la France, mais je

---

(1) Cette phrase était supprimée dans la circulaire destinée aux électeurs de la Gironde, qui ne l'eussent pas comprise.

n'oublie pas que j'appartiens aussi à la grande famille ·
humaine.

Homo sum, *et nihil humani à me alienum puto*;

» La Vénétie, la Pologne, la Hongrie sont nos sœurs. Si j'avais l'honneur de vous représenter, je pousserais le chef de l'Etat à leur tendre la main ; je le sommerais également de quitter la ville éternelle et de la rendre à l'Italie. Je ne veux ni pape-roi, ni théocratie ; toute ma vie j'ai combattu les envahissements de l'influence cléricale, qui travaille à détruire, l'une après l'autre, toutes les conquêtes de la révolution.

» Les catholiques peuvent cependant voter pour moi sans scrupule ; notre cause est au fond la même : quand la liberté, que nous désirons tous également, nous sera rendue, nous ne saurions manquer de nous entendre.

» En résumé, chers concitoyens, si vous voulez :

» La liberté illimitée de la presse ;

» Le développement indéfini de la richesse agricole et industrielle du pays en général, et de votre circonscription en particulier ;

» La liberté du travail ;

» La liberté de la tribune ;

» La translation du tribunal civil à Mulhouse ;

» Une paix sérieuse ;

» La réduction du contingent, et, par suite, du taux

de l'exonération ; (J'appelle votre attention sur ce point.)

» L'affranchissement de la Pologne, de la Hongrie, de la Vénétie, etc. ;

» La réduction du budget, la suppression de 500 millions d'impôts ;

» Le développement des grands travaux publics, et, en premier lieu le prolongement de la ligne de Saint-Amarin ;

» L'amélioration du sort des instutiteurs, des desservants, des juges de paix et de tous les petits fonctionnaires ;

» L'enseignement libre, gratuit et obligatoire ;

» La vie à bon marché ;

» Si vous voulez tout cela, vous n'avez qu'à le dire dans l'urne, et votre volonté sera. Nommez-moi : vos vœux seront des ordres.

J. PRUDHOMME.

« Ancien député, ancien représentant, ancien officier supérieur de la garde nationale, CANDIDAT DE L'OPPOSITION LIBERALE (1). »

(1) Cette profession de foi fut vivement goûtée ; ce qui le prouve clairement, c'est qu'on lui fit de nombreux emprunts. Je n'y ai pas lu une seule phrase, un seul mot qu'on ne puisse retrouver dans l'une des circulaires de MM. de R....., H....., P....., F....., de C....., B....., R....., ou de quelque autre des plus illustres candidats de 1863. — Quel plus bel éloge en pourrait-on faire ?

J. PRUDHOMME fils,
Avocat, membre du Comité électoral de Nanterre.

Je ne fus pas élu.

Comment l'aurais-je été ? Affaibli par les premières atteintes du mal auquel je vais succomber, je ne pus parcourir assez rapidement mes divers colléges. Et, d'ailleurs, fallait-il songer à lutter contre un *candidat officiel ?* Le gouvernement séduit, éblouit le pays par ses perfides améliorations, ses bienfaits intéressés. Puis, le jour de la lutte arrivé, il dit brutalement aux électeurs : « J'ai fait ceci et cela pour le pays ; voulez-vous que je continue ? Envoyez-moi des députés dévoués. M. A... est mon ami, c'est celui-là que je veux. M. B... est mon ennemi, il me gênerait... Et maintenant, choisissez librement. » Amère dérision ! Comment les électeurs résisteraient-ils à cette pression scandaleuse ? Le vote, disons-le, Joseph, est escamoté. Les candidatures officielles : là est l'ennemi ; c'est là que doit porter l'attaque. Je suis en vérité stupéfait quand je pense que notre ami Jules Simon a pu dire qu'elles lui semblaient légitimes. Il est vrai qu'il a su réparer cette faute, en signant l'amendement qui en demandait l'abolition.

La défaite m'affligea, mais ne m'abattit point ; je sus remplir mon devoir jusqu'au bout. Dès le lendemain du vote, je rédigeai un modèle de protestation que j'adressai dans les cinq départements où j'avais posé ma candidature. J'eus fort à me louer, dans cette circonstance, du zèle de mes coreligionnaires politiques ; ils me secondèrent activement dans l'accomplissement de ma tâche. Ils se multipliaient. De village en village, de maison en maison, ils allaient, recueillant des signatures. Sous l'électeur indifférent, ils savaient réveiller le plaideur battu ou le solliciteur éconduit. Ils rappelaient d'une voix éloquente les infâmes procédés de l'administration à mon égard, stimulaient les mémoires paresseuses, affermissaient les souvenirs indécis, et, sur leur foi, chacun signait avec plaisir. Qu'ils reçoivent ici, ces nobles amis, le témoignage posthume, mais sincère, de ma reconnaissance !

Hélas ! leur zèle devait être perdu. Le Corps législatif ne fit pas à mes protestations l'honneur de les discuter sérieusement ; c'était un parti pris, ils me redoutaient, ils avaient voulu m'exclure : — j'étais exclu.

*
* *

Je ne le regrette pas ! — mes derniers jours eussent été trop cruellement empoisonnés, si j'avais pris part à la session de 1864 ; toutes les fibres libérales de mon cœur eussent été trop douloureusement froissées, si j'avais été le témoin des scandaleux débats qui en doivent à jamais fixer la date dans nos fastes parlementaires.

Quelques membres de l'opposition, je le sais, gardiens vigilants des grandes traditions, remplirent fidèlement leur mandat et repoussèrent indistinctement, sans vouloir même examiner si elles servaient leurs idées, toutes les lois qui leur furent soumises. Presque tous, je le sais encore, dans la mémorable campagne des *Coalitions*, surent tenir une noble conduite, placer les intérêts de leur parti au-dessus même des conseils de leur raison, et, animés d'un véritable esprit politique, repousser les concessions qu'un gouvernement séducteur voulait faire à leurs principes.

Mais, que pouvait cette fière attitude des députés indépendants, contre celle d'un homme qui, jusqu'alors, avait revendiqué ce titre et qui prétend encore en être digne? Que devenaient les généreux efforts de ces illustres amis devant la défection d'Ollivier?

*
* *

O jeune homme! Malheureux jeune homme! Ta conduite m'a fait amèrement souffrir... Elle m'a peu surpris ! Nos amis comptaient sur toi. Sur ta tête ils avaient placé leurs espérances les plus chères. Tu étais l'orgueil de la démocratie. *Tu Marcellus eris*, disaient, non sans quelque jalousie, tes confrères. Pour moi, je ne partageais point leurs folles illusions. Depuis longtemps je t'observais, et ta marche tortueuse ne m'avait pas échappé. On prétend que tu as trahi pendant la session dernière. Erreur : Tu as trahi dès ton entrée à la Chambre, et si je voulais scruter un passé plus lointain, rechercher tes timides proclamations de 1848, je pourrais dire : Dès ton entrée dans la vie publique.

Tes collègues se sont justement indignés, l'an dernier, quand, sans leur aveu, tu déclarais en leur nom que l'opposition ne serait ni « systématique, ni hargneuse, ni taquine ». Mais dès 1857, dans ta première profession de foi, ne tenais-tu pas déjà un semblable langage, ne l'as-tu pas reproduit à toute occasion, et, dans ton passé, les esprits clairvoyants ne devaient-ils pas déchiffrer ton avenir (1) !

(1) Qu'eût donc dit mon malheureux père, s'il eût récemment entendu M. Emile Ollivier, perdant toute retenue, faire la déclaration suivante : *La liberté politique en elle-même n'est rien : elle n'est qu'une garantie. Là, où les libertés sociales et civiles n'existent pas, les libertés politiques ne sont que des dangers et des inutilités... En développant les libertés sociales, civiles, individuelles, le gouvernement se rapproche de la liberté plus qu'il ne s'en*

C'en est donc fait ! Tu vas augmenter les rangs impurs de la démocratie césarienne. Tu porteras l'habit brodé ! Tu assisteras aux raouts ministériels ! aux dîners des Tuileries ! Triste ! Triste ! Profondément triste !

D'autant plus triste, Joseph, qu'oublieux des grands souvenirs, ignorants des leçons de l'histoire, beaucoup d'honnêtes gens se laissent séduire par les molles théories de ce faux libéral, et rêvent, avec lui, je ne sais quelle opposition consciencieuse, impartiale, éclectique, approuvant le bien, quelle que soit la main qui le donne, appréciant les choses en elles-mêmes, pour leur valeur propre, en dehors de tout intérêt de parti : pour tout dire, une opposition qui n'en soit pas une !

Hélas ! l'avenir appartiendrait-il à ces hommes insensés ? Un tel sort serait-il réservé au parti que j'ai servi? S'il en devait être ainsi, je remercierais Dieu de me soustraire à cette humiliation suprême.

Mais non ; non, mon fils, dussiez-vous rester seul, vous tiendrez fermement le drapeau des vrais prin-

éloigne. » Le ciel a permis que mon père disparût assez tôt de la scène du monde pour n'entendre pas porter à la tribune, par un orateur qui se dit encore libéral, cette audacieuse négation des principes qu'il avait défendus toute sa vie.

J. PRUDHOMME FILS,

Av. m. du C. él. de N.

cipes ; vous ne laisserez pas périr les traditions que je vous lègue ; vous serez digne de votre nom. Tant qu'il y aura un Prudhomme en France, la grande opposition ne périra pas !

Votre père,

JOSEPH PRUDHOMME.

Paris. — Imprimerie de Dubuisson et Cie, rue Coq-Héron, 5.